APPEL
AUX PRINCIPES.

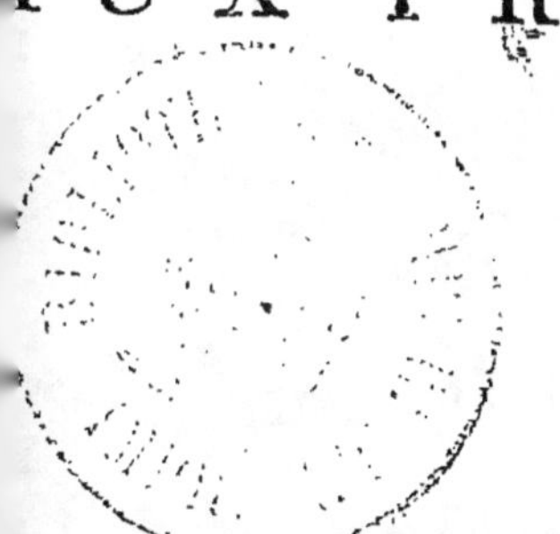

APPEL AUX PRINCIPES,

OU

PREMIÈRE LETTRE

DE ROBERT CRACHET,

DÉPUTÉ au conseil des cinq cents, par l'assemblée électorale de l'an six, du département du Pas-de-Calais,

AUX RÉPUBLICAINS DE CE DÉPARTEMENT.

Vous m'avez nommé votre député au conseil des cinq cents, l'effet constitutionnel de ce choix a été de me rendre membre de la représentation nationale (1).

Le 22 floréal, votre choix et la constitution ont été foulés aux pieds ! ! !

Si on ne réclame point contre l'arbitraire, l'arbitraire prétendra être la volonté du peuple. Il était prudent et patriotique de donner le tems à l'opinion de commencer, dans le calme et la tranquillité, le procès du 22 floréal. Il eût été dangereux de prolonger, *d'abord*, la lutte entre les principes et les hommes qui s'en sont déclarés les ennemis avec tant d'audace, et qui en ont triomphé avec tant de succès. Il est beau de voir que ces deux vérités aient été senties par tous les prétendus conspirateurs anarchiques du 22 floréal.

Quoi ! aucun de ceux-mêmes qui ont été désignés, nominativement dans la loi du 22 floréal, n'a réclamé d'abord. S'ils sont coupables, qui arrêtait en eux l'audace bouillante du crime *impuni ?* S'ils sont innocens, quelle puissance, quel sentiment leur a fait garder à tous un silence solennel, sans avoir

---

(1) Article   de la constitution.

pu se concerter ? O pouvoir de l'innocence !..... O amour de la patrie, qui maîtrise même l'indignation de la vertu !.. O concert tacite des hommes libres ! Il faut cependant le rompre ce silence; il est nécessaire de parler. Il faut que des citoyens généreux proclament le manifeste de l'indignation publique. Ils pourront être victim es de leur zèle : eh bien ! la tyrannie qui les frapperait, verrait augmenter ses crimes, et les hommes libres leurs devoirs. Avec les affronts faits à la liberté, ils auraient à venger les persécutions de leurs amis. Si les soldats intrépides, qui posent les premières échelles de l'assaut, viennent à succomber, leur exemple n'est point perdu, et leurs corps servent de marche-pieds à leurs compagnons.

O liberté ! ce n'est point en vain que je t'ai invoquée avant et depuis 89 !

O vertu ! c'est toi que j'embrassai, en embrassant la révolution !

Si des pervers n'ont invoqué l'une que par ambition, n'ont embrassé l'autre que pour corrompre sa voie; malheur à eux; ils tomberont inglorieux dans cette lutte impie, perfide..... Les insensés ! ils bâsent leur conduite sur l'expérience du passé, où une ignare routine n'offrait à la politique, qu'un cercle uniforme et étroit à parcourir. Aussi voyez leur politique : elle décrit *une courbe*..... Mais grace à l'art qui transmet, en dépit de toutes les tyrannies, les découvertes morales et politiques, de génération en génération, les connaissances humaines marcheront désormais en *ligne droite*. Les vrais conspirateurs, le Machiavel à la main, resteront en arrière, et leurs contemporains seront pour eux la postérité.... Oui, la vérité se fera jour à travers tous les *fléaux politiques*, et perfectionnera de plus en plus la science du bonheur des nations.

Elle luit déjà sur les intrigues qui ont amené la loi du 22 floréal. Que dis-je une loi ? Peut-on appeller ainsi un acte du corps législatif, qui sappe dans ses bâses le système représentatif, qui est contraire à la letire et au sens de la constitution, qui ne laisse plus de borne aux invasions de tous les genres, que voudraient tenter, sur les droits du peuple, les premiers pouvoirs de la république, et qui proscrit, sans examen, sans discernement, comme des conspirateurs ennemis de la constitution, des hommes dont les noms et les actions sont également inconnus aux législateurs, et dont la conduite dans des fonctions publiques, au choix du d'ectoire,

epuis la mise en activité de la constitution , jusqu'au-
ourd'hui, atteste leur attachement *ingénu* à cette charte , si
udacieusement violée , et au gouvernement qu'elle a créé ?

Qu'est devenu le gouvernement représentatif , que sont
devenus les droits du peuple , lorsque ses représentans tem-
poraires peuvent impunément lui dire : « tu nous as nommé
» des successeurs ou des collègues , ils ont été élus dans les
» mêmes formes que nous ; tu les as nommés , parce qu'il te
» convenaient à toi ; mais à nous , ils ne nous conviennent
» point : nous les rejettons. » Cette prétention peut-elle se
supporter ? et n'est-elle pas repoussée par les principes essen-
tiels qui constituent le gouvernement représentatif ? Y a-
t-il gouvernement *représentatif* , lorsque le peuple ne nomme point par lui-même , ou par ceux qu'il délègue immédiatement à cet effet , les citoyens qui doivent le représenter ?
et n'est-ce point comme s'il n'avoit pas cette faculté , lorsque ceux qu'il nomme ainsi , peuvent être privés du droit
de le représenter ? Vous aurez beau donner à un pareil gouvernement le nom de gouvernement représentatif , ce ne
sera qu'un titre dérisoire ; ce n'est plus qu'un gouvernement
arbitraire , où la liberté du peuple n'a plus de garantie , où
sa volonté n'a plus ni expression , ni puissance. Ses choix doi-
vent-être maintenus ; et s'il existait un pouvoir qui usurpât
le droit de les reviser , le peuple ne serait plus représenté ,
il serait subjugué et anéanti. Le peuple doit élire sans doute d'après certaines règles ; mais il ne peut s'en imposer qui
détruiraient la nature du gouvernement représentatif. Il est
donc essentiel que ses choix ne puissent être rejettés que
pour illégalité dans les actes de l'élection , ou pour forfaiture encourue dans l'exercice des fonctions. Mais on ne doit
pas perdre de vue, que par respect pour la volonté du peuple,
et pour ne point rendre nulle la prérogative d'élire , qu'il ne
peut abandonner aux atteintes de l'arbitraire d'aucun des pouvoirs créés par lui , il faut que les vices qui infectent une
nomination soient précisés et démontrés dans la loi qui
l'annulle ; et quant à la forfaiture , elle doit être jugée avec
les formes , qui assurent la punition du crime et le triomphe de l'innocence.

J'ai vainement cherché, dans la loi du 22 floréal , le dé-
veloppement des illégalités, qu'auraient renfermées les élections de tant de départemens , dont les opérations ont été
annullées entièrement par cette loi. Elles sont frappées en
masse , non pour des vices de formes , mais parcequ'il y a
eu conspiration .... Mais à quel signe avez-vous reconnu

qu'il y a eu conspiration ? *parce que tels et tels ont été élus.* — A quel signe avez-vous reconnu que tels et tels étaient des conspirateurs ? *parce qu'ils ont* été élus. Lisez le rapport de Bailleul ; et voyez si, en deux mots, il n'est pas analysé.

Pour ne pas même laisser le soupçon que tant d'élections auroient été annullées en entier, pour vices de forme, on a poussé l'impudence jusqu'à faire un triage parmi les élus de certains départemens, en admettant les uns, en rejettant les autres ... Ici, les idées se confondent ; tout devient chaos ; le cœur et l'esprit sont également en souffrance ; peut-on combattre sérieusement une telle absurdité ?..

Après une entreprise aussi inouie, sur quelle base repose encore la garantie du système représentatif ?

D'un côté, on rejette des hommes élus, et par la même assemblée et aussi constitutionnellement que ceux que l'on admet.

D'un autre côté, on repousse en masse les élections de plusieurs départemens.

Et tout cela se fait parce que des citoyens qui ont la confiance du peuple ne conviennent pas à ceux dont le peuple a voulu qu'ils fussent les successeurs, ou les égaux ! Où s'arrêtera l'arbitraire qui viole aussi ouvertement les principes sacrés de la théorie des élections, qui méconnaît à ce point le dogme de la souveraineté du peuple ?

Je pourrais, mes concitoyens, m'étendre davantage et accumuler les preuves que ce triage et cette réjection en masse sont le renversement du système représentatif ; mais je ne veux point sortir des bornes d'une lettre, il me suffit d'énoncer les principes, de les proclamer fortement, afin que l'intrigue ne croie point avoir frappé des esclaves, afin que tout le monde sache que les vrais républicains que ses coups atteignent, loin de se laisser abbattre, recueillent et renforcent leur énergie.

Ce n'est point malheureusement une erreur de l'esprit que l'on doit reprocher aux auteurs de la loi du 22 floréal. L'indulgence la plus complaisante ne peut attribuer leurs démarches à l'ignorance des principes qui constituent le gouvernement représentatif ; car la constitution qu'ils ne peuvent ne pas connaître, la constitution est là, qui les accuse.

L'universalité des citoyens français est le souverain (art. II de la constitution.) Le peuple français est trop nombreux ; il est disséminé sur une trop grande étendue de terrein, pour exercer par lui-même, *immédiatement,* sa souveraineté toute entière. La nécessité du gouvernement représentatif semble sortir naturellemement du principe de la souveraineté des peuples et de leur grande masse. Aussi la constitution française consacre l'établissement d'un gouvernement représentatif; elle fixe les règles auxquelles le peuple s'astreint pour la portion de souveraineté dont il s'est réservé l'exercice immédiat, et celles qu'il impose à ceux qui se sont chargés de gouverner en son nom. Mais la maxime, que tous les pouvoirs émanent du peuple, ce qui constitue l'essence du gouvernement représentatif, a dû rester toute entière dans les différens modes de promotions aux fonctions publiques, consacrés dans la constitution.

Un peuple qui reconnaît qu'il est souverain, et qui sent la nécessité d'un gouvernement représentatif, a dû vouloir essentiellement conserver une influence nécessaire sur la nomination de ceux qui doivent le représenter pour là formation des loix. En effet, c'est sur-tout pour ce qui concerne la nomination des législateurs, que la constitution réserve au peuple une influence plus grande. Il ne nomme, il est vrai, que par l'intermédiaire des électeurs; mais ces électeurs ont puisé, dans les assemblées primaires, des notions sur les *individus*, que le peuple désire; ou au moins ils sont imbus de l'opinion du peuple sur *l'espèce d'hommes* qui lui conviennent; de sorte que les élus au corps législatif, quoiqu'élus médiatement, sont réellement dans le sens de la majorité qui a prévalu dans les assemblées primaires. Dire que les choix faits par les électeurs, qui sont proprement les choix du peuple, peuvent être revisés, controlés, rendus nuls par la volonté d'un pouvoir quelconque, et prétendre qu'il y aurait là représentation, c'est dire deux choses qui impliquent contradiction.

Dans le choix de ses représentans, le peuple français ne commet ses droits qu'à ses électeurs. Il n'a astreint ceux-ci qu'à suivre les articles constitutionnels et réglementaires, qui rendent uniformes le mode de procéder, et procurent le moyen d'obtenir le résultat de la majorité. Il n'a pas voulu que sa constitution et ses lois donnassent lieu à ce que sa volonté, manifestée par celle des électeurs, pût être éludée, parce qu'il a senti qu'alors elles seraient hors du système représentatif. Si la moralité des élus ne répond pas toujours à l'idée qu'il s'en est formée, c'est un inconvénient sans doute; mais il vaut mieux qu'un peuple soit exposé aux dangers de faire quelques mauvais choix, que de le livrer à la merci d'un pouvoir arbitraire. Nos facultés les plus précieuses ne sont-elles pas aussi celles dont nous pouvons le plus facilement abuser? Ne serait-ce pas attenter à notre nature, que de prétendre, pour régler ces facultés, nous en interdire le libre exercice?

Si des loix qui soumettraient les choix du peuple à l'examen arbitraire d'une autorité quelconque, sont une monstruosité politique dans le système représentatif, qu'est-ce donc lorsqu'un pouvoir, contre le texte et le sens des loix, s'arroge le droit de contrôler les choix du peuple, de rejeter et d'admettre selon son caprice?

Ouvrons la constitution : elle veut qu'à compter de l'an VII, on ne puisse être élu au conseil des cinq cents, qu'à l'âge de 30 ans; celui de 40, et l'état d'homme marié ou veuf, sont exigés pour être membre des anciens. On ne voit nulle part d'autres conditions pour être éligible au corps législatif.

L'âge, l'état d'homme marié ou veuf, sont des règles d'ordre qui laissent au peuple une très-grande latitude, et principalement toute la sûreté possible pour ses choix. Ce sont là des conditions dont les passions ne peuvent abuser, ni les étendre au-delà des cas qui leur sont applicables.

Mais des qualités morales, des opinions politiques qu'on exigerait pour conditions non d'*éligibilité*, mais d'*admission*! Je ne vois plus là qu'absurdités, sources d'abus, et l'arbitraire le plus révoltant.

De ce que la constitution prescrit la condition de l'âge, l'état d'homme marié ou veuf, et n'en prescrit point d'autres, il s'ensuit qu'aucun pouvoir n'en peut exiger d'autres. On voit donc qu'ici la constitution vient à l'appui du raisonnement et des principes pour proscrire le système qui à dicté le triage de la loi du 22 floréal. Je dis aux auteurs de cette loi : » vous exigez telles qualités politiques et morales
» pour admettre au corps législatif ceux que le peuple y a
» appelés par un choix libre et légal ; et encore ces qualités
» que la constitution n'exige pas, vous vous en rendez les
» juges. Malheur à nous, malheur à vous, si vous voulez
» être plus sages, plus prévoyans que la constitution! car
» alors nous n'avons plus de constitution!!!! Nous avons
» en sa place votre volonté, vos erreurs, vos passions! »

Mais ils ont prétendu, ces apôtres *exclusifs* de la constitution, que la constitution elle-même leur donne la faculté, et leur impose même le devoir de retrancher des choix des assemblées électorales, ceux qu'ils croient devoir être funestes au peuple. Qui ne sent le ridicule et l'absurdité d'une pareille prétention ? Pourquoi le peuple nomme-t-il ses re-présentans ? Parce qu'il a voulu les nommer, parce qu'il est nécessaire qu'il les nomme. Or, comment concilier la possibilité d'un triage avec le respect dû à la volonté du peuple, avec le but qu'il s'est proposé en nommant lui-même ? Mais voyons comme ils étayaient leurs prétentions ?

L'article XLIII de la constitution porte que, dans tous les cas le corps législatif juge de la validité des opérations des assemblées électorales.

Mais qui ne voit qu'il ne s'agit ici que du méchanisme des opérations des assemblées électorales ? Si les opérations se sont faites conformément aux règles tracées par la loi, les opérations sont valides Le corps législatif est constitué juge pour reconnaître, *quant aux procédés* de l'assemblée électorale, s'ils ont eu lieu suivant les formes établies, *et quant aux élus*, s'ils ont l'âge, l'état d'homme marié ou veuf selon qu'ils sont destinés au conseil des cinq cents ou au conseil des anciens. Jamais avant le 18 floréal, il n'était venu à l'esprit de personne de croire que les qualités morales et politiques des élus pouvaient entrer dans l'examen des opérations des assemblées électorales, réservé par la constitution au corps législatif.

S'il pouvait rester quelque doute sur la nature des attributions données au corps législatif par la constitution, qui le crée juge des opérations des assemblées électorales, il suffirait de lire attentivement l'article XLIII tout entier. On y voit que le commissaire du directoire près l'administration centrale a le droit de demander communication du procés-verbal de chaque séance, dans les 24 heures qui la suivent : qu'il est tenu de dénoncer au directoire *les infractions qui seraient faites à l'acte constitutionnel*. Dans tous les cas, est-il dit immédiatement après, le corps législatif prononce seul sur la validité des opérations des assemblées électorales. On voit donc que la qualité de juge ne tombe *que sur les infractions faites aux loix*. Mais soit que le commissaire près l'administration centrale, ait dénoncé des *infractions*, soit que la connaissance en soit venue d'une toute autre manière au corps législatif, *dans tous les cas*, il juge de la validité des opérations, etc. Ce mots *dans tous les cas*, n'étendent point les attributions du corps législatif au-delà *des infractions faites aux loix*, dont il est parlé dans l'article précédent ; mais elles ne portent que sur les différentes manières dont la connaissance de ces infractions peut parvenir au corps législatif.

Qu'est-ce qu'on a fait en l'an 4, en vérifiant les pouvoirs ? Les auteurs de la constitution qui venait d'éclorre, siégeaient aux conseils ; ils connaissaient sans doute toute l'étendue du pouvoir que l'article XLIII de la constitution a départi au corps législatif, pour ce qui regarde les opérations des assemblées électorales. Dans les rapports et discussions qui ont eu lieu concernant la vérification des pouvoirs, a-t-il été question d'autre chose que d'examiner si les formes voulues par la constitution et les loix, avaient été observées ?

En l'an 5, quoique les choix fussent évidemment mauvais, quoiqu'il existât encore dans les conseils un noyau de républicains opposés au parti qui les avait dictés, est-il venu à l'esprit de quelqu'un d'établir que les opinions politiques des élus devaient être soumises à la discussion des conseils ? Non sans doute. Il était réservé au *génie* de Bailleul, et de quelques autres aussi pénétrans que lui, de découvrir, en l'an 6, dans la constitution, ce qu'on n'y avait pas vu pendant les deux premières années de son existence, ce que les auteurs de la constitution eux-mêmes, ont cru bonnement pendant deux ans n'y avoir pas mis. Comment le corps législatif, gardien de la constitution, a-t-il pu se laisser entraîner par les misérables sophismes qui ont été mis en avant, et violer ainsi la constitution dans un point aussi essentiel ? Comment chaque législateur de bonne foi ne s'est-il pas dit : » Pourquoi exercerai-je sur mes suc-
» cesseurs ou mes collègues, cette terrible censure qu'on
» n'a point exercée sur moi ? Pourquoi exigerai-je d'eux
» d'autres conditions d'admission, que celles qui ont été
» exigées de moi ? La constitution peut-elle être autre
» aujourd'hui, qu'elle n'était il y a deux ans ? »

Ces réflexions se présentaient bien naturellement. Mais, o comble d'audace, ou plutôt de folie ! L'article CCCLXXVII de la constitution qui rappelle aux législateurs leur devoir le plus sacré, en déclarant *que le dépôt de la constitution est confié à leur fidélité*, devient un argument pour les porter à la violer. Le rapporteur Bailleul craint que la sublime métaphysique qu'il a employée, n'ait point assez de force pour engager ses collègues à éluder le droit que la constitution donne au peuple de nommer ses représentans, et à ne lui laisser que ce qu'on pourrait appeller le droit de présentation ; il croit que ce scrupule sera vaincu en leur rappellant ce qui devait le renforcer. Il leur met devant les yeux, pour achever de les égarer, ces parôles imposantes, si propres, au contraire, à ramener des législateurs qui s'égarent: LE DÉPÔT DE LA CONSTITUTION est confié à la FIDÉLITÉ DU CORPS LÉGISLATIF.... Et voilà qu'aussitôt ces dépositaires infidelles arrêtent un triage arbitraire parmi les élus, et rejettent en masse les élections de plusieurs départemens! Tout cela se fait sans examen, sans discussion!!! Les noms de ceux qu'on exclut, frappent pour la première fois l'oreille des législateurs! et ils ne s'informent point des faits à leur charge. Malheur à eux! leurs noms sont écrits en noir sur les tablettes du rapporteur. C'en est assez pour motiver le vote du législateur. Les tablettes de Sylla n'avaient pas un effet plus sûr et plus prompt.

Et ces opérations qui ont été annullées en entier et frappées en masse, les membres du corps législatif de ce temps-là ignoreront long-temps si *telles* ont été annullées pour des vices de forme, ou pour leurs résultats. *Tant il est vrai qu'on a procédé avec connaissance de cause.* O avilissement! ô comble d'infamie et de bassesse! Allez demander à ceux qui ont voté pour l'annullation d'une assemblée électorale quelconque, quels sont les motifs qui les ont guidés; l'un vous dira: *c'est pour vices dans les opérations;* un autre: *non; ce sont les hommes que j'ai voulu frapper;* d'autres, et c'est le plus grand nombre, viendront vous dire: *ma foi, nous n'en savons rien, c'est l'affaire de la commission....* O dieux! où vivons-nous?...... Et la commission nous dirait-elle bien les motifs des réjections en masse, et des exclusions individuelles? Ecoutez ses membres en particulier: *tenez,* vous diront-ils, *c'est le directoire qui l'a voulu....* Le directoire!!! Lâches esclaves!...

Quelle que soit la main qui ait imprimé le mouvement *au corps législatif du 22 floréal,* cette mesure est toujours son ouvrage. *Si elle lui a été commandée,* c'est une *nouvelle* honte à ajouter à celle d'avoir fait une loi aussi injuste qu'insconstitutionnelle.

Le rapporteur de la commission ne se déguisait point à lui-même, que la mesure qu'il proposait serait regardée par tout le monde, comme contraire aux principes et à la constitution. Malgré qu'il cherche à se retrancher derrière quelques articles constitutionnels; malgré qu'il veuille établir que la constitution elle-même ordonne qu'on la viole, pour la conserver vierge; malgré qu'il prétende que ceux à qui elle a principalement imposé les devoirs de la défendre, sont ceux qui ont le droit de lui porter atteinte, on voit bien qu'il sent le faible de pareils moyens. Il a recours à une métaphysique *monstrueuse* : il ose avancer , qu'en législation suivre les principes , *c'est se livrer à l'imprévoyance et à une sécurité funeste* (1) ; que vouloir se renfermer dans le cercle constitutionnel , et n'en pas sortir lorsqu'on le juge bon , c'est suivre des *théories absurdes , c'est admettre un fatalisme politique et je ne sais quelles idées , qui ne se rapportent à aucun but utile , ne donnent point de résultats salutaires et conservateurs , et perdent la patrie.* (2). On n'a jamais débité à la tribune ni ailleurs rien d'aussi insensé que cela. Mais , au désordre qui règne dans les idées du rapporteur , on voit au moins qu'il sentait que la loi qu'il proposait était repoussée par les principes et par la constitution. Voilà pourquoi il lui est venu à l'esprit de chercher *à découvrir une autre méthode que l'application rigoureuse des principes* (3). Cette méthode , il l'a trouvée , et il la développe ; c'est de regarder les articles constitutionnels qu'on a envie de violer , comme des *abstractions qui ont à la vérité UNE RÉGULARITÉ APPARENTE ,* mais qu'il faut abandonner *pour passer à la réalité* (4).

Au reste le rapporteur Bailleul n'est pas le seul , qui ait bien voulu laisser entendre que la constitution est blessée par la loi du 22 floréal : les honorables membres , qui avaient des discours tout prêts , pour appuyer le projet de résolution , qu'ils auraient dû ignorer comme leurs autres collègues , veulent aussi bien consentir à reconnaître que la constitution n'est pas tout à fait respectée. Mais tous nous apprennent qu'une conspiration anarchique payée par l'or des rois , tendante à rétablir les échafauds de la terreur, à guidé les choix de quelques assemblées électorales , au point que *les chefs des conspirateurs* ont été appellés pour siéger dans les deux conseils : ils concluent qu'il ne faut pas attendre , pour frapper les conspirateurs , que leur système de mort et de destruction soit réalisé. Cette conspiration *est admise comme fait positif* (5); et l'on doit s'attendre qu'une loi sévère va traduire , devant les tribunaux, ces *chefs de conspirteurs* si bien connus , si bien démasqués. Point du tout : on se contente de demander qu'ils ne soient point admis au corps législatif !...

---

(1) Rapport de Bailleul.

(2) *Ibid.*

(3) *Ibid.*

(4) *Ibid.*

(5) *Ibid.*

Qu'ils conspirent, tant qu'ils voudront, pourvu que ce ne soit point en toques de velours, et en manteau écarlatés, on le leur pardonne !!

Il est un peu étonnant de voir des législateurs, qui sont obligés d'être sévères envers le crime, se montrer aussi susceptible de pitié, de bienveillance même envers des hommes convaincus d'avoir accepté le mandat d'organiser le pillage et l'assassinat (1).

Pitié ! bienveillance !... Oh non ! ce ne sont point là les sentimens, qui ont empêché les instigateurs de la loi du 22 floréal, de poursuivre plus loin ceux qu'ils ont fait exclure. Leur haine, leur injustice ont un succès *bien plus certain*, en laissant les exclus, sous le poids du soupçon et de la prévention, qu'ils ont fait peser sur eux, qu'en les traduisant devant les tribunaux, où tous sans doute se seraient couverts de gloire aux yeux de toute la France, par l'exposé solennel d'une conduite toujours marquée au coin de la plus exacte probité, de l'honneur le plus délicat, et du plus pur patriotisme.

Où sont donc les preuves de cette conspiration anarchique? où sont les faits qui lui sont propres, et qui démontrent son influence dans les élections ?

Le message du directoire, et Bailleul après lui, parlent des démarches de quelques cercles constitutionnels, et de l'opinion que des membres y auraient manifestées en faveur de la constitution de 93. On ne voit point quelle part les exclus y auraient eu personnellement, ni quel rapport il y a, entre ces démarches et leur élection particulière. C'est cependant ce qu'il est essentiel d'apprendre à toute la France, pour faire voir que cette conspiration anarchique n'était pas un de ces prétextes atroces, dont le parti dominant s'est trop souvent servi, depuis 89, pour perdre des hommes qui n'avaient d'autre crime que de lui déplaire.

Je ne parlerai point de ce qui appartient, aux départemens autres que le mien, dans la série des faits rapportés dans le message du directoire, et répétés pas Bailleul, tout porte à croire qu'ils sont controuvés ; mais je suis à portée de bien connaître ce qui est relatif au département du Pas-de-Calais.

A Béthune, disent le message et le rapport, la constitution de 93 est disttribuée dans les écoles primaires.

Voilà donc la preuve que la conspiration anarchique avait

---

(1) Voyez l'opinion de Jean de Bry.

des ramificatious dans le Pas-de-Calais ! *risum teneatis....* .... Il y a plus de huit mois que le fait qui donne lieu à cette note s'est passé. D'après les arrêtés du directoire et les lettres des ministres , l'administration de Béthune fait la visite des livres à l'usage des écoles ; on trouve des cathéchismes de monseigneur l'évêque , des vieux et nouveaux testamens, ect. Il est arrêté que les commissaires de police se procureront plusieurs centaines d'exemplaires de livres républicains , pour distribuer aux indigens. On achete des *livres de morale républicaine , des tableaux des actions héroïques, des constitutions de l'an* III , enfin tout ce que le libraire avait dans ce genre-là. On fait un paquet du tout ; et la distribution à lieu. Quelques exemplaires d'un livret, où se trouvait un petit cathéchisme de morale et la constitution de 93, avaient été distribués avec les autres ouvrages ; l'erreur est apperçue le même jour, et réparée aussitôt.

Il existe , aux archives de l'administration municipale de Béthune , des lettres du gouvernement qui reconnaît que cette distribution est l'effet de l'erreur ; et six mois après , il en fait une preuve de conspiration. Mais au reste quelle liaison , quel rapport y a-t-il entre ce fait, et les élections du Pas-de-Calais , qui ont lieu six mois après ? Je ne suis ni administrateur , ni habitant de la commune de Béthune (1), mon domicile en est éloigné de huit lieues. Qu'y a-t-il de commun entre cette distribution et ma nomination au corps législatif ? Ce fait est cependant rapporté pour preuve que la conspiration anarchique a étendu ses ravages dans l'assemblée électorale du Pas-de-Calais. Quel est donc le génie malfaisant qui a le pouvoir de faire transformer, par le directoire , en preuve de conspiration, un fait matériellement

____

(1) Béthune, est dans notre département , une ville petite en population , mais grande en renommée patriotique. Avant le 18 fructidor , elle recueillait dans son sein tous les hommes qui étaient obligés de quitter leurs foyers pour se soustraire aux poignards des assassins royaux. Le chant des hymnes patriotiques y frappait continuellement les oreilles des voyageurs étonnés. Les fêtes républicaines y étaient célébrées avec le même appareil et avec le même enthousiasme que dans les plus beaux tems de la révolution. Plus d'une fois des étrangers , attendris du spectacle qu'offrait Béthune , appliquèrent à ses généreux habitans , la première strophe de l'hyme : « Quels accens! quels transports! etc. » Enfin , lorsque la contre-révolution planait sur toute la France , Béthune ressemblait à une colonie de républicains français , échappés à la ruine de leur pays; et puisqu'il était arrêté qu'en floréal an 6 , on devoit chercher à deshonorer le patriotisme dans le Pas-de-Calais , c'était sans doute à Béthune, que le royalisme devait destiner ses premières flétrissures.

innocent et reconnu tel par lui ? C'est ce génie infernal, qui, à certaines époques depuis l'an 4, a su faire, du gouvernement *républicain*, l'instrument des vengeances du *royalisme*, et le porter à accabler de dégoûts et de persécutions les meilleurs patriotes ! c'est ce même génie, ô Directoire, qui est déjà parvenu à rendre deux de tes membres traîtres à la cause de la république, et les a poussés dans le précipice où ils sont plongés. Sa mission est de calomnier les républicains, pour en détacher le gouvernement ; et de l'en détacher, pour le perdre au milieu de cet isolement.

D'après la nature du fait rapporté par le directoire, et ensuite par Bailleul, pour prouver l'existence de la conspiration anarchique dans le Pas-de-Calais, il m'est bien permis de croire que la plûpart des faits qui appartiennent aux autres départemens ne présentent pas davantage l'apparence du crime ; c'est même aujourd'hui l'opinion universelle ; mais quand même quelques-uns de ces faits vous eussent paru certains, cela n'eût pas suffit : il eût fallu démontrer qu'il existait un rapport entre ces faits et tels ou tels individus que vous avez proscrits. Avez-vous eu cette réserve, ou même quelque justice, législateurs inconsidérés ? Non, quelques-uns d'entre vous ont apperçu sur la liste des élus leurs ennemis, ou leurs rivaux. C'est dans leur haine, ou dans une basse jalousie, qu'ils ont trouvé et les preuves de la conspiration, et les noms des conspirateurs. Et vous vous êtes prêtés à servir d'instrumens à ces passions viles ! Si vous aviez été convaincus qu'une conspiration avait existé, et que *les chefs des conspirateurs* étaient parvenus à se faire élire, ne pouviez-vous point la réprimer et les punir, sans violer la constitution ? Vous avez dit que les faits de la conspiration sont positifs, eh bien ! il fallait livrer aux tribunaux les prévenus que vous semblez si bien connaître. Vous objectez le 18 fructidor, auquel ont applaudi tous les patriotes, et où cependant les conspirateurs n'ont point été traduits devant les tribunaux : il y a beaucoup à dire sur la manière dont le 18 fructidor a eu lieu, et sur ses résultats ; mais ce n'est pas mon objet. On pourrait au reste en tirer un terrible argument pour prouver combien il est dangereux de violer la constitution, même contre ceux qui ont manifesté par des actes, l'intention de la renverser. Quoiqu'il en soit, tous les patriotes ont applaudi au 18 Fructidor, la conspiration était flagrante : mais l'autorité des conspirateurs était immense. Ils siégeaient au directoire ; ils avaient la majorité dans les conseils. **Comment traduire des hommes**

aurait condui devant les tribunaux ? La proposition seule y
t celui qui l'aurait faite. Il ne restait plus que
l'*insurrection des républicains* à opposer *à la puissance* des
conspirateurs. La majorité du directoire et la minorité des
conseils ont cru devoir prendre *l'initiative* de cette insurrection : les conspirateurs royaux ont été frappés, et *leur chûte*
a fait pousser un long cri de joie à tous les républicains. Mais
qu'elle énorme différence entre le 18 fructidor et le 22 floréal !
Au 22 floréal, la notoriété publique, qui certes n'a pas
varié depuis, était que par-tout l'esprit des assemblées électorales, était généralement bon et étranger à toute conspiration : mais d'ailleurs ces prétendus conspirateurs étaient des
hommes qui n'avaient encore aucune puissance ; la loi donc,
s'il y avait eu lieu à accusation, pouvait les envoyer devant
les tribunaux, avec autant de facilité qu'on en a trouvé à les
exclure du corps législatif. Cette mesure offrait moins de
dangers que l'acte arbitraire qui les exclut. On voit donc
que *les mêmes* raisons de violer la constitution, n'existaient
pas, au 22 floréal, et au 18 fructidor : et que, si on s'est
appuyé sur cette journée pour être autorisé à violer la constitution, c'est une preuve de plus de la mauvaise foi et de la
perfidie des auteurs de la loi du 22 floréal.

C'en est fait, législateurs imprévoyans, gardiens infidelles,
vous avez violé le dépôt qui vous était confié ! Votre exemple
livre le peuple à la merci des pouvoirs créés par lui. Son indépendance, sa liberté, sa souveraineté sont sans garantie.
Qui arrêtera désormais les entreprises tyranniques de l'arbitraire ? Du 18 fructidor, vous avez marché au 22 floréal.
Qui empêchera que du 22 floréal, on ne passe à d'autres
infractions de la constitution, plus saillantes encore, plus
décisives ? Qui peut calculer quelles seront les suites funestes
du pernicieux exemple que vous avez donné ? On sait que
tout pouvoir cherche à s'étendre ou à reculer les limites de sa
sphère. La vanité, l'ambition, la rivalité, la vengeance,
mille causes, mille passions concourent à ces vues d'agran-
dissement du pouvoir. L'amour du bien peut même en imposer à des ames généreuses, les emporter au-delà des bornes
que la loi a fixé à leur puissance, leur faire enfreindre la
loi fondamentale dans la vue d'augmenter la splendeur de
leur patrie, de procurer à leur concitoyens une plus grande
source de bonheur. Eh bien ! dans ce cas-là même, et quelque favorable que fût le résultat, c'est un abus de pouvoir ;
c'est un crime contre la sûreté de l'Etat. Il faut nécessairement une digue au débordement des passions dangereuses,

qui circonviennent trop ordinairement les hommes chargés
du gouvernement de l'Etat; si vous voulez que le crime ne
la renverse point, il faut que la vertu la respecte ; il faut
que la constitution d'un peuple libre soit pour les gouvernans , ce qu'était le destin pour les Dieux.

Ce *fatalisme politique-là* , M. Bailleul , vaut bien celui
auquel vous livrez un peuple, en employant *une autre méthode que l'application rigoureuse des principes.* Votre méthode n'est pas nouvelle : elle est aussi ancienne que le premier tyran, qui a voulu *justifier le pouvoir arbitraire.*

Mais quels sont les hommes, sur lesquels Bailleul a fait
l'essai de sa *méthode* , de cette méthode sublime qui consiste
à faire regarder les principes comme des *abstractions*, comme
des *théories absurdes?* S'il n'est pas prouvé qu'ils sont des
conspirateurs, ce sont au moins des *hommes féroces et immoraux, qui sont gorgés de sang et de rapines*, &c. Voilà comme
ils ont été désignés dans les messages du directoire, et à la
tribune du corps législatif. Il ne me siérait sans doute point
de prendre la défense individuelle de chaque exclu (1) ; mais
si je suis compris dans la classe des hommes dont on fait
une si hideuse caricature , si après avoir été froissé par le
gouvernement révolutionnaire, je suis aujourd'hui présenté
à la France comme l'un de ses agens trop exaltés, qui en
ont outré les mesures , pourquoi ne serais-je point incliné
à penser que la même injustice a dicté les réputations, que
l'on fait aux autres exclus, et qu'on punit en eux , comme

---

(1) Je connais parfaitement le citoyen COFFIN , Commissaire
du directoire, près l'administration centrale du Pas-de-Calais : depuis la mise en activité de la constitution , jusqu'au moment où
il a été nommé au conseil des cinq cents. Il s'est toujours
montré le chaud partisan de la constitution et du gouvernement.
Le directeur Merlin l'a félicité de sa nomination , par une lettre
très-flatteuse. Au courier suivant, Coffin a appris qu'il était exclu
du corps législatif.

Le citoyen Cocud ne m'était connu que par sa qualité de juge
depuis le 18 fructidor. Je sais qu'il n'a jamais occupé d'autres
fonctions, qu'il a toujours montré du patriotisme, qu'il a fondu
un patrimoine considérable dans des domaines nationaux, et qu'il
a toujours vécu à la campagne, étranger à toutes les factions.

Quant au citoyen Thery , son nom même m'était inconnu avant
les élections. J'ai appris qu'il était commissaire du directoire,
près l'administration municipale de Bapaume , depuis la mise en
activité de la constitution, qu'il s'est conduit avec distinction dans
l'exercice de ses fonctions. L'assemblée électorale faisait un grand
cas de ses talens et de son patriotisme ; mais il avait contre lui le
crime d'avoir été baloté avec Poultier, et de l'avoir emporté sur
lui.

B

en moi, le crime de s'être montrés constamment les ennemis de toutes les factions, et d'avoir conservé, au milieu des oscillations de la révolution, un patriotisme sage, éclairé, courageux.

Quelle est donc cette fatalité, qui me poursuit ? En 93, des exagérés me taxèrent de modérantisme ! en l'an 6, des exagérés, dans un autre sens, me présentent comme anarchiste ! Il est pénible de parler de soi ; mais je suis représentant du peuple ; je dois justifier son choix. On jette de l'odieux sur ma conduite, pour avoir un prétexte de violer la constitution ; je dois faire voir que ce prétexte n'est point fondé. Je vais exposer ma conduite publique et privée pendant la révolution. Les faits, que j'ai à rapporter, sont tels, que leur *exposé* suffit pour convaincre tout homme de bonne-foi, que je ne puis être un anarchiste, ni un ennemi de la constitution de l'an 3.

Les longs loisirs de ma jeunesse ont été employés à mon instruction. J'aimai sur-tout à me livrer à l'étude et à la méditation des publicistes les plus célèbres ; de sorte que la révolution me trouva imbu des principes dont elle annonçoit le triomphe. Je concourus à répandre, dans mon district, les principes de la liberté et de l'égalité, par des discours et par des écrits, propres à éloigner le patriotisme des écarts de la licence.

Au 31 mai, j'étois administrateur du district de Saint-Omer. Je fus destitué comme modéré. Quelques mois après, le gouvernement révolutionnaire fut établi. Je prévis les maux qui allaient fondre sur mon pays, en voyant le pouvoir placé, sans règles, entre des mains imprudentes et inexpérimentées. Je me retirai dans un petit village, aux environs de Saint-Omer, et je m'y tins solitaire jusqu'au *9 thermidor*.

Après *le 13 vendémiaire* an 4, lorsque la constitution fut mise en activité, on m'offrit la place de commissaire du directoire près le tribunal correctionnel de Saint-Omer. Je l'acceptai, parce que je crus qu'enfin l'attachement à la république et le respect des lois allaient être des vertus. Je l'exerçai jusqu'au mois de pluviôse dernier, où je fus nommé, par le directoire exécutif, accusateur public près le tribunal criminel du département du Pas-de-Calais.

Voilà quelle a été ma carrière dans la révolution.

Les motifs de ma destitution après le 31 mai, et ma retraite dans une campagne, aussi long-temps qu'a duré le gouvernement révolutionnaire, ne suffisent-ils point pour éloigner de moi le soupçon, que j'aurais pu être, ou que je serais aujourd'hui un *de ces fougueux partisans du système révolutionnaire*, que le directoire dénonce, sans preuves, dans son message, et que le corps législatif, sans examen ni discussion, comme sans compétence, frappait au hasard dans son acte du 22 floréal ?

Ma rentrée dans la carrière publique, au moment où la constitution de l'an 3 a été mise en activité, et les fonctions au choix du directoire que j'ai remplies sans interruption jusqu'à l'instant de ma nomination au corps législatif, ne sont-elles pas la preuve évidente de mon attachement à la constitution ?

Le directoire, en me tirant de la place de commissaire près le tribunal correctionnel pour me nommer à celle d'accusateur public, n'a-t-il pas sanctionné ma conduite dans le premier emploi que je remplissais depuis plus de deux ans ? Certes, je n'ai pas cherché à surprendre la confiance du directoire, ni pour l'un, ni pour l'autre emploi. Le premier, je le dois à la connoissance que *Carnot* avait de mes dangers pendant le gouvernement révolutionnaire, et de la *modération* que j'avais mise dans ma conduite, après le 9 thermidor, envers ceux qui m'avaient poursuivi (1). Il m'y fit nommer, sans m'en prévenir. Quant à la place d'accusateur public, loin de l'avoir cherchée, je l'avais refusée d'abord ; et ce n'est qu'aux pressantes sollicitations des républicains que je me déterminai enfin à l'accepter (2).

---

(1) Je ne suis point le valet des hommes qui occupent des fonctions éminentes ; mais lorsqu'ils sont tombés, je ne crains point de faire connaître ce qu'ils ont fait avec des intentions droites, je me garde bien de les outrager. Je sais respecter le malheur.

(2) Pour faire voir quelles intentions pacifiques j'apportai en prenant les fonctions d'accusateur public, je citerai un fragment du discours que je prononçai lors de mon installation.

« Aussi long-tems que j'exercerai les fonctions d'accusateur pu-
« blic, on ne me verra point transformer le siège de cette magis-
« trature en une tribune *clubiqne*, du haut de laquelle, sous l'in-
« fluence d'un ministère imposant, je me permettrais à chaque
« moment de donner l'éveil aux passions, de fomenter les haines
« de parti, de jetter à pleines mains des semences de discorde....
« mépris et honte aux magistrats qui compromettent à ce point
« leur caractère !

« En m'imposant à moi-même cette réserve, je ne négligerai
« jamais de réclamer avec vigueur, contre les prétentions de ceux
« qui ayant à parler devant ce tribunal, viendraient mêler *gratui-*
« *tement* à la défense de leur cause, les déclamations et les fu-
« reurs de l'esprit de parti. Il faut que l'on sache que nous sen-
« tons la dignité de nos fonctions, que nous sommes impassibles,

Combien il doit me paraître étrange de me voir appliquer les dénominations odieuses, que la loi du 22 floréal prodigue à ceux qu'elle exclut du corps législatif. Je descends au fond de mon cœur... Je jette un regard sur ma conduite depuis 89 . . . J'ai peine à contenir mon indignation !...

En 93, destitué, *comme modéré*, et exposé sous cette dénomination à tous les dangers du gouvernement révolutionnaire !

En l'an 6 , exclu du corps législatif, sous le nom d'*anarchiste* !

Comment ai-je pu encourir ces réputations contradictoires? C'est, sans doute, parce que ma conduite, basée sur les principes immuables de la liberté, de l'ordre et de la justice, n'a point cédé à l'empire des circonstances, et a dû me rendre odieux aux factions ?

Les royalistes de mon pays, m'ayant vu partager leur sort en 93 , connaissant d'ailleurs la pente naturelle qui m'entraîne vers des habitudes douces et tranquilles, m'auraient pardonné mes anciens travaux pour la révolution, auraient même oublié que je m'étais tenu éloigné de toute réaction , si le directoire, aussitôt après son installation, ne m'avait nommé son commissaire près le tribunal correctionnel de Saint-Omer. Jusque-là on s'était bien plaint de ce que je blâmois la réaction ; mais il n'était pas encore venu à l'esprit des plus déterminés aristocrates de m'honorer du nom de *terroriste*. Ma qualité de commissaire me valut ce titre de la part de ces messieurs, aigris de leur défaite récente de vendémiaire.

Après le 18 fructidor, le directoire mit le comble à la haine des royalistes contre moi, en me nommant à la place d'accusateur public, vacante par une loi générale. L'homme auquel j'ai succédé *malgré moi*, qui a reçu de moi des preuves non équivoques de délicatesse, est justement celui qui a été expédié, à grands frais, à Paris, pour calomnier les élections du Pas-de-Calais (1). Je ne sais quelles calomnies

---

« que nous ne voyons que les faits et la loi, et que nous n'exami-
« nons point à quelle secte appartiennent les hommes, pour les
« juger innocens ou coupables ».

(1) Les royalistes de mon département se tromperaient, s'ils attribuaient au citoyen Gosse, l'honneur de notre exclusion. Les Poultier, et quelques autres députés du Pas-de-Calais, avaient déjà tout obtenu à cet égard. Il faut seulement savoir gré au citoyen Gosse, de sa bonne volonté.

ont été débitées contre moi. Depuis deux mois et demi , je cherche par-tout les motifs particuliers de ma non-admission , et par-tout on déclare qu'on ne les connaît point. Mais que n'a-t-on point pu dire dans *l'ombre* , puisque *Poultier* n'a pas craint d'insérer dans sa feuille , contre la notoriété publique, *que j'avais été dans mon département un des plus féroces agens de Lebon*. On sait quel cas j'ai fait des calomnies de Poultier. J'ai dédaigné même de me faire représenter les feuilles où il est parlé de moi. J'ai cru que , venant de recevoir une marque aussi éclatante de confiance de la part de mes concitoyens , je devais mépriser les misérables calomnies d'un homme dont le nom avait été livré , dans la même asssemblée électorale, à l'opprobre, à l'ignominie réservée à tous ceux qui se sont rendus bassement les complices des excès *contraires* de toutes les *funestes* époques de la révolution.

Au milieu des persécutions que j'ai éprouvées , ou qui me sont encore destinées, j'ai des jouissances qui ne peuvent m'abandonner. Après avoir pris à la révolution une part très-active , je ne suis le complice d'aucun des excès dont elle a été trop souvent le prétexte. J'ai même le bonheur d'avoir protesté hautement contre tous les abus , dans toutes les crises violentes de la révolution. Jamais je n'ai été l'apôtre d'aucune faction ; j'ai constamment été l'homme de mes propres principes , sans m'enquérir s'ils concordaient ou non avec ceux du parti qui dominait. Je mets à l'épreuve ma conduite franche , généreuse et toujours uniforme. Je défie mes ennemis les plus acharnés de citer une seule action, (et si on lisait dans l'ame) une seule pensée dont un homme d'honneur puisse rougir. J'ai été élevé , sous des parens vertueux , à l'école de la probité , et j'ai passé de bonne heure à celle des philosophes. Les principes philantropiques , que renferment leurs livres , je me suis étudié à les mettre dans ma conduite. Les affections domestiques font mes plus douces jouissances. Mon ménage , et la solitude , voilà les théâtres de mes amusemens.

Avec des goûts simples et réglés comme ceux-là , on ne peut-être *anarchiste* , mais on aime sincèrement la liberté ; on sent plus fortement le besoin de servir la république, aussi long-temps sur-tout qu'elle ne sera point consolidée.

Est-il dans le département du Pas-de-Calais un seul homme à qui j'aie fait éprouver une injustice , ou comme magistrat, ou comme particulier ? Ai-je fait répandre une seule larme à qui que ce soit ? Que celui qui a à me reprocher d'avoir cherché à troubler son bonheur ou son repos , se lève et m'accuse. Je n'invoque point le témoignage des hommes de tous les états auxquels j'ai eu le bonheur d'être utile ; mon cœur m'en a donné ma récompense. J'ai dû , comme magistrat , sévir contre ceux qui avaient commis des délits ou des crimes ; mais je suis convaincu que les malheureux ne m'ont point maudit , parce que tous on vu que la réquisition de la peine semblait sortir à regret de ma bouche, et que je n'oubliais jamais d'allier , au respect dû à la loi , les égards dûs au malheur et à l'humanité.

Hommes de bonne-foi dans les deux conseils , reconnaissez-vous, à ces traits, *un anarchiste, un homme féroce et immoral ?* en impose-t-on en citant des faits qui pourraient être victorieusement démentis ? C'est aux habitans de mon département, *aux témoins. de ma vie privée et publique* que je m'adresse. Les ennemis que mes opinions républicaines et philantropiques m'ont faits, sont là ; qu'ils nient les faits que j'ai cités ; qu'ils en citent d'autres qui me déshonorent ; Je me livre à leur merci...(1) Il est cepen-

(1) Le hazard a voulu qu'à toutes les époques marquantes de la révolution, j'aie publié quelques écrits. Mon ame y est peinte toute entière : c'est par-tout l'amour brûlant de la liberté, de l'ordre, de l'humanité, de la justice. La malignité a choisi cependant l'un de ces écrits pour le texte de ses calomnies.

Dans le tems de l'horrible disette qui a pesé sur toute la France , et dont on n'avait jamais eu d'exemples que dans des villes assiégées, j'ai osé écrire que cette disette *était l'ouvrage* de ceux qui travaillaient à la contre-révolution : « Depuis. le 9 thermidor ; « que les jours d'anarchie et de brigandages qui ont suivi le 9 « thermidor , avaient été préparés pour verser tous les fléaux sur « notre malheureuse patrie ».

On jetta les hauts cris ; on prétendait que tout était au mieux depuis le 9 thermidor. Le peuple mourait de faim , et il y avait deux ans que les patriotes étaient honnis , baffoués, persécutés. Heureusement les discours des présidens des deux conseils, prononcés le 9 thermidor dernier , viennent prouver que j'avais bien jugé les suites de cette journée.

Je déclare dans cet écrit : « Que je ne tenais que par le mépris « au parti des honnêtes-gens, qui sous cette dénomination qu'il « rendrait odieuse , avait déclaré une guerre cruelle au pauvre , à « l'ouvrier ; était parvenu, par le plus atroce des systêmes , à leur « faire vendre leurs derniers haillons ».

Le 18 fructidor a fait justice de ce parti qui retenait encore la même dénomination, qu'il a en effet rendue tellement odieuse, qu'on est obligé d'employer une autre périphrase, pour désigner ce qu'on entendait par *honnêtes-gens*, avant que les royalistes et les fripons n'eussent déshonoré cette qualification, en se l'attribuant *exclusivement*, et en en faisant le mot d'ordre d'un *parti*.

Au reste cette écrit finissait par une profession de foi qui devait

dant un reproche justement dirigé contre moi. C'est à cela
que se borne la haine des royalistes, si fertile en prétextes.
On me reproche d'avoir aujourd'hui la confiance des hommes
qui autrefois m'ont poursuivi..... Oui, je les fuyais, et je
les blâmais hautement, lorsqu'ils avaient le pouvoir, et
qu'ils en abusaient..... Je les ai plaint , lorsqu'ils ont été
persécutés à leur tour.... Mon ame est faite ainsi ; je ne
saurais me repaître de haine comme tant d'hommes *humains*
qui me font un crime de mon indulgence ; ma pitié est toujours pour les malheureux, quels qu'ils soient. Je trouvais
mauvais qu'on les eût tenus deux ans en prison , sans
les juger , et qu'on les eût déclarés *amnistiés*, tandis
qu'on avait refusé de les mettre en jugement. Des excès
qu'ils ont pu commettre, j'ai toujours fait trois parts , *bien*
inégales ; la première et la plus grande , je la donne à la
convention ; la seconde, à ceux qui les ont placés dans des
fonctions difficiles et délicates. Mais ces hommes, après
avoir fait un retour sur eux-mêmes, depuis que le pouvoir
leur était échappé des mains ; après avoir été traînés de
cachots en cachots, persécutés sur-tout par ceux qui les
flattaient et qu'ils avaient favorisés, ont dû regarder comme
un parfait honnête homme, comme un excellent républicain, celui qui avait eu le courage d'oublier qu'il avait été
poursuivi par eux, et de réclamer contre les persécutions
qu'on leur faisait essuyer. Je suis bien loin de repousser leur
confiance.... Elle m'est acquise par des vertus dont je m'ho-
nore ! Serait-ce donc un crime d'avoir conservé une parfaite
indépendance d'opinion , et d'avoir toujours invité les deux
partis à l'oubli de leurs torts mutuels ?

Quelque désagréable qu'on ait voulu rendre ma position ,
ce sera toujours pour moi une époque bien précieuse, que
celle où j'ai été honoré des suffrages de l'assemblée élécto-
rale de l'an 6 du département du Pas-de-Calais.

On se rappellera long-temps dans ce département, le
calme, l'ensemble, la dignité qu'elle a mise dans ses opérations.... Des scissions avaient eu lieu dans quelques assemblées primaires. On pouvait craindre d'en voir opérer une
dans l'assemblée électorale ; mais soixante - dix assemblées

---

rassurer ceux qui , par leur vertus, pouvaient se qualifier *honnétes-*
gens. La voici : « Dévouement à la république, respect aux loix
« accueil aux malheureux, paix à l'homme tranquille de quelqu»
« opinion qu'il soit ; guerre à *l'effronté* royaliste, châtiment aux
« affameurs publics: voilà nos principes et nos vœux ».

primaires , sur quatre-vingt-sept que renferme le département , avaient opéré sans scission. Il y avait donc un noyau
considérable d'électeurs , dont les qualités n'étaient point
contestées. L'ascendant du 18 fructidor se faisait encore sentir à cette époque : les citoyens nommés électeurs par les
cantons qui avaient fait de doubles nominations , ont déclaré
de part et d'autre , par acclamation , et d'une voix una-
nime , qu'ils se retiraient et qu'ils laissaient la décision
de leur sort aux électeurs nommés sans scission.

L'assemblée électorale convaincue que les scissions dans
les assemblées primaires , avaient été faites par les républicains ; qu'eux seuls s'étaient conformés , dans leurs opérations , à la constitution et aux loix , a admis les électeurs
scissionnaires ; et les autres ont adhéré à cette décision ,
en se retirant dans leurs foyers , et en résistant aux intrigues de quelques-uns d'entre eux qui voulaient former à
eux seuls , une assemblée particulière.

Jamais assemblée électorale n'offrira peut-être un tel caractère d'homogénéité. Plusieurs députés ont été élus à
l'unanimité ; d'autres à la presqu'unanimité. Les choix où
il y a eu balotage , portaient sur les hommes qui tous ont
donné des gages marquans à la république et à la constitution de l'an 3 (1). L'assemblée offrait le spectacle de la plus
parfaite union ; ce n'était qu'une famille. Les électeurs
avaient une telle confiance les uns dans les autre , que
dans tous les groupes on les entendait se dire que quels que
fussent les noms qui sortiraient de l'urne , on était sûr que
ce serait des hommes probes et attachés à la constitution.

Neuf députés ont été nommés.

Cinq sont admis.

Quatre sont rejettés.

Trois des exclus étaient commissaires du directoire , depuis la mise en activité de la constitution dans les villes les
plus considérables du département (2). Le quatrième était

---

(1) On sera peut-être étonné de ce que Poultier ait pu un instant
paraître sur les rangs. Il ne doit cet honneur incroyable qu'à l'influence que son frère , commissaire du directoire , a exercée sur
quelques campagnards du ci-devant district de Montreuil. Mais
l'assemblée en a fait bonne justice. Huit députés restaient à
nommer ; le nom de Poultier n'a plus reparu sur aucun bulletin.
inde irae, etc.

(2) COFFYN, était commissaire du directoire, près l'administration centrale, à Arras. THERY l'était près l'administration municipale de Bapaume. CHACHET, près le tribunal correctionnel de
Saint-Omer.

ommé juge par le directoire depuis le 18 fructidor, et
n'avait auparavant exercé aucune fonction publique.

Voilà les quatre députés anarchistes du départemens du Pas-
de-Calais, les quatre ennemis de la constitution de l'an 3,
qui, depuis son aurore, la faisaient respecter au péril de
leur vie, dans des fonctions importantes et long-temps pé-
nibles. Nulle part, nulle part, on n'apperçoit le prétexte
d'une pareille exclusion.... La commission des cinq cents
aurait-elle tiré au sort, pour admettre et pour exclure?...

Puis-je taire une circonstance qui tient, il est vrai, aux
opérations secrètes du directoire, mais que mon honneur indignement compromis, me fait un devoir de révéler? (1)
Des agens ont été envoyés par le directoire dans tous les
départemens, immédiatement avant la tenue des assemblées
électorales, pour s'assurer de l'opinion concernant les élections, et pour la diriger même sur tels et tels individus désignés par lui.

Dans le Pas-de-Calais, c'est un citoyen *Ortal*, employé
au ministère de la justice, qui a été chargé de cette mission.
Il s'est adressé, entr'autres, au commissaire du directoire
près l'administration centrale, et lui a remis une lettre du
ministre de l'intérieur, qui ordonnait au commissaire d'avoir
confiance au citoyen *Ortal*, et de regarder tout ce qu'il lui
dirait comme venant du directoire exécutif. *Ortal*, après
avoir entretenu le commissaire sur le desir qu'avait le directoire de voir nommer de bons républicains, des amis de la
constitution, lui remit une liste des neuf candidats que le
directoire desirait voir arriver au corps législatif. A la tête
de cette liste était le citoyen *Coffin*, commissaire du directoire près l'administration centrale. J'y figurais le second,
bien désigné par mon nom, et par ma qualité d'accusateur
public. En troisième rang, venait le citoyen *Duflos* qui siège
aujourd'hui au conseil des cinq-cents; les six autres n'ont
pas obtenu les suffrages de l'assemblée électorale.

Comment concilier la réjection du citoyen Coffin et la
mienne avec ces circonstances? Si des incrédules avaient
des doutes sur l'existence de la liste dont je viens de parler,
et de son origine, on leur en donnerait des preuves tellement authentiques, que leurs yeux et leur tact pourraient
être satisfaits. Est-ce que le gouvernement a cru que, notre
élection étant son ouvrage, il pouvait la briser? Ou bien,

____

(1) Au reste, la mesure qu'a prise le directoire pour influencer
par-tout les élections, n'est plus un secret nulle part.

comme la plupart des noms désignés par lui ne sont point sortis de l'urne électorale, a-t-il voulu nous punir de ce que nous ne devions point notre élection à son influence, mais à celle de notre réputation patriotique? On ne finirait pas, si on voulait écrire toutes les réflexions que fait naître la bizarerie de ces circonstances. Braves électeurs du Pas-de-Calais, vous nous avez donné vos suffrages comme à des amis sincères de la république et de la constitution; ne rougissez point de votre *erreur*, le gouvernement *l'a partagée* avec vous. Ses vœux, comme les vôtres, nous appelaient au au corps législatif.

Soit que les auteurs de la loi du 22 floréal siègent au Luxembourg ou aux conseils, leurs noms seront flétris, non-seulement pour avoir ouvert la porte à tous les fléaux qui peuvent se déverser sur un peuple, lorsque sa constitution n'est plus pour le pouvoir un frein salutaire, mais encore, pour avoir fait porter cette mesure inconstitutionnelle et planer la proscripition sur des hommes estimables par des vertus, et par des services rendus à la constitution.

Que l'on juge de cette loi par les effets qu'elle a produits. N'a-t-elle point répandu la consternation, le découragement, la stupeur parmi les républicains? L'esprit public de tous les départemens, si brillant après le 18 fructidor, n'est-il point affaissé? Demandez aux ministres si leur correspondance leur offre des résultats aussi favorables à la république, que ceux qu'ils ont obtenu après le 18 fructidor? Est-il, d'ailleurs, parvenu aux conseils et au directoire des témoignages de satisfaction de la part des hommes que la révolution avoue? Non; il n'est aucune sorte de républicains que cette mesure n'ait affligés. Elle ne les rendra point les ennemis du gouvernement; mais elle a produit sur eux cet effet, que lorsque le gouvernement essayera de relever l'esprit public, ils s'interrogeront dans leur cœur, et se demanderont avec défiance si c'est pour le triomphe des principes qu'il travaille, ou pour une toute autre cause. Funestes dispositions, bien éloignées de celles qui animaient tous les républicains avant le 18 fructidor.

Quoi qu'il en soit, il est un certain espoir qui luit à l'ame du patriote. Une mesure qui a été si promptement jugée, et repoussée par l'opinion publique, qui n'est pas même avouée par ses auteurs, qui en rejettent l'odieux les uns sur les autres, pourra-t-elle long-tems subsister?...

Législateurs, voyez le précipice creusé devant vous par la loi du 22 floréal : il est préparé pour être le tombeau de la liberté et de la constitution . . . . Le crime vous y fera descendre avec elles, si vous ne vous hâtez de le combler. . . . On vous dit qu'il faut attendre. . . A-t-on ajourné lorsqu'on a surpris cette mesure ?. . . Mais la crainte de voir de nouveaux déchiremens !. . . A-t-on craint de couper en lambeaux la représentation nationale ? Craint-on d'en voir déchirer les derniers restes ? Prononcez-vous avec vigueur ; proclamez hautement que vous êtes les représentans du peuple, *par sa seule volonté, en vertu de son mandat et non par l'acte du 22 floréal.* Que le peuple ne puisse pas douter que vous siégez là pour défendre sa souveraineté et la constitution si indignement violée et compromise! Vous verrez aussitôt les choses se remettre naturellement à leur place ; une confiance fondée se rétablir entre les pouvoirs. Il ne s'agit point ici de se rivaliser; c'est une erreur à réparer, erreur qui tolérée peut être également funeste aux deux pouvoirs, et devenir entr'eux une source de divisions, qui ne se termineront que par la chûte de l'un ou de l'autre, et par la perte de la république ! Vous comptez en vain qu'elle ne se renouvellera plus, si vous ne la réparez, si vous ne lui attachez la réprobation constitutionnelle, en la rapportant solennellement, et en appellant au milieu de vous ceux qui ont tout ce que vous avez pour siéger aux conseils. Songez qu'une inconstitutionalité non réparée en engendre nécessairement d'autres. On ne viole jamais impunément les principes.. Rompez le premier échelon de l'usurpation, si vous ne voulez pas qu'elle s'élève davantage et vous domine entièrement.

Ne craignez point que les exclus apportent dans le corps législatif le moindre levain. La constitution et leur honneur étant vengés, quel fiel pourrait-il leur rester ? D'un autre côté, ils sont *en si petit nombre*, que l'influence de ceux qui seraient assez lâches pour conserver quelque desir de vengeance, ne se ferait point sentir dans les conseils. Ce serait alors qu'on pourrait nous dire qu'il faut sacrifier ses ressentimens à sa patrie. Mais aujourd'hui ce conseil est-il supportable ? S'agit-il ici de nos ressentimens particuliers ? N'est-ce pas la république qu'on immole, en portant atteinte à la souveraineté du peuple ? Lorsque pour avoir un prétexte de violer la constitution, on me prête des crimes, puis-je rester passif, sans me rendre coupable de connivence avec les violateurs ? Représentans du peuple, n'ayez pas la faiblesse de laisser subsister la loi du 22 floréal, sous prétexte qu'elle est l'ouvrage du corps législatif qui vous a précédés. Si vous reconnaissez que le vaisseau de la constitution a touché ce jour-là contre un écueil, signalez-le, autrement il s'y brisera !!!

Et toi, directoire exécutif, apprendras-tu par tes propres dangers, et par les maux que tu as pu reconnaître plus d'une fois avoir fait souffrir aux meilleurs patriotes, à frapper enfin pour toujours les perfides conseillers qui t'égarent? Ne crois pas que ceux qui te dénoncent si pompeusement des conspirations anarchiques, croient à leur existence.

On sait qu'il est une sorte de républicains, francs, austères, intrépides, qui ne transigent ni avec leurs devoirs, ni avec les droits reconnus du peuple, qui veulent la république, telle qu'elle est constituée. On sait que cette classe nombreuse de républicains, disséminée non-seulement dans chaque ville, mais dans tous les villages, dans le plus petit hameau, fait la force *réelle*, la *seule* force de la république et de son gouvernement. Oui, la faction des anarchistes, aux yeux de ceux qui sont à gages pour la dénoncer, est la faction des hommes qui ont souri à la révolution, dès son aurore, comme à la réparation de tous les abus et de toutes les injustices; qui ressentent un religieux enthousiasme pour la liberté et l'égalité; qui ne voient point, sans inquiétude, porter atteinte aux principes que la constitution a consacrés; qui pour ne pas la voir devenir illusoire, ou exposée sans cesse aux atteintes de l'ambition et de la corruption, voudraient qu'elle fût entourée d'institutions républicaines, qui la défendraient plus sûrement que des bayonnettes, rétabliraient les liens de la fraternité entre les citoyens, et nous donneraient enfin les mœurs d'un peuple libre. Voilà, voilà les crimes de la faction anarchique! et aux yeux de ceux qui la dénoncent *au directoire*, *le directoire lui-même* en est le chef.

Voyez les manœuvres des conspirateurs royaux depuis l'établissement du gouvernement, jusqu'au 8 fructidor. Ils avaient eu soin d'abord de ne pas confondre les membres du directoire avec ceux qu'ils appelaient alors *terroristes*, *buveurs de sang*; mais lorsqu'à l'aide de ces dénominations, ils furent parvenus à rendre odieux les patriotes les plus purs, et à faire du gouvernement l'instrument de leurs vengeances, lorsqu'ils le crurent isolé, perdu dans l'esprit des républicains, ne tournèrent-ils pas leurs fureurs contre lui, ne se constituèrent-ils pas en rébellion ouverte, en présentant ses membres comme des chefs du terrorisme? Eh quoi! cette leçon récente serait-elle déjà perdue pour le directoire, et pourrait-il se laisser prendre encore une fois aux mêmes manœuvres ?

Quant à ceux que, dans notre département, on se plaît à nommer anarchistes, je dois le dire, ils se sont toujours montrés devant moi comme les sincères amis de la constitution de l'an 3, *comme* professant cette maxime conservatrice, *qu'il fallait que tous les républicains la défendissent, parce qu'à son existence étoit attachée celle de la république.* Je les regarde comme les seuls qui auraient le courage de la défendre, non par de vaines protestations d'attachement, mais par leurs bras, au péril de leur fortune et de leur vie. Cette opinion j'y tiens encore avec plus de certitude, depuis que j'ai vu que ceux qui étaient en possession de les calomnier comme les ennemis de la constitution, sont ceux qui la violent, ou l'ont vu violer avec plaisir.

Que l'on se pénètre bien de cette vérité, qu'il n'existe en France que deux partis bien apparens, bien réels : celui des républicains, et celui des royalistes. Chacun est entré dans le parti qu'il affectionne, avec ses habitudes, ses vices, ses passions. Quelques hommes immoraux peuvent s'être glissés parmi les républicains. On peut leur savoir gré de leur attachement à la république, au milieu de la lutte des deux partis ; mais on blâme leur immoralité, et on ne leur fait pas l'honneur de croire qu'ils forment un parti.

Cependant des hommes qui sont de bonne foi, que la république et les républicains revendiquent, croient à l'existence d'un parti anarchique, et se laissent tromper, séduire contre des hommes qu'ils devroient estimer. « Quoi, disent-» ils, n'y a-t-il pas des hommes dont les noms trop fameux » rappellent des vols, des dilapidations, des assassinats ; et » ces hommes n'ont-ils pas figuré au milieu des orages poli-» tiques, &c. &c. ? » Eh bien, peut-on en conclure l'existence d'un parti ? Ceux qui ont volé, sont des voleurs ; ceux qui ont dilapidé, sont des dilapidateurs ; ceux qui ont assassiné, sont des assassins. Je pense trop honorablement de ma nation pour ne pas croire que les voleurs, les dilapidateurs et les assassins sont des *êtres isolés* dans la société, et qu'ils n'y peuvent former un parti.

On prétend qu'il est politique de crier à l'anarchie pour empêcher le gouvernement révolutionnaire de renaître. Hommes à courtes vues, qui craignez le retour du gouvernement révolutionnaire dont les agens encore vivans s'étonnent comment ils ont échappé à son influence mortifère ; il ne reviendra point, pour bien des raisons ; mais celle-ci suffit : c'est qu'il a existé, et cessé d'exister !.... Tout atteste que cette génération, dans sa marche, ne mettra plus le pied où elle l'aura mis une fois.

Il est juste, *il serait même politique*, de ne point reconnaître l'existence d'un parti anarchique. La bonne foi, et l'intérêt de la république réclament contre le machiavélisme royal qui la suppose; c'est fournir aux royalistes des moyens sûrs de calomnier les républicains les plus vertueux, d'environner le gouvernement de défiances et de terreurs, d'établir la discorde et la désunion entre les patriotes, et de détourner l'attention du gouvernement et des républicains des manœuvres *de la vraie, de la seule conspiration toujours existante du royalisme et du fanatisme réunis.*

Quelqu'ait été le succès récent du royalisme hypocrite, pour induire en erreur les deux premières autorités de la république, j'ai le pressentiment que le talisman des conspirations anarchiques sera bientôt brisé. Je le puise dans les nombreuses erreurs qu'il a fait commettre, et dont quelques-unes ont été senties, avouées même par leurs auteurs. Le royalisme avait bien choisi son époque après le 9 thermidor. Tout était en sa faveur; les cruelles méprises qui avaient eu lieu au milieu du mouvement précipité du gouvernement révolutionnaire, les désordres, les crimes que le fanatisme de la liberté, que la crainte du rétablissement de la royauté, et que les passions particulières, sous le prétexte du bien public, avaient fait commettre, étaient bien propres à faire calomnier la république avec quelque succès. Mais aujourd'hui la chance est aux républicains. Que de persécutions, que d'abus de pouvoir, que d'assassinats, que de forfaits ont été commis en haine de la république et des républicains ! Il est dans l'ordre nécessaire des choses, qu'une faction qui a parcouru le cercle de ses excès, voye tomber de ses mains la verge des persécutions..... Les républicains ne la ramasseront point; ils ne demandent qu'à jouir dans le calme, avec tous les français, des avantages qu'une constitution républicaine doit procurer à la France. Trop de larmes, trop de sang ont coulé. Que de fléaux suscités par les passions, et qui n'ont été utiles à personne, pas même aux factieux qui s'en étaient promis des triomphes! Cette funeste expérience n'est-elle pas bien propre à nous servir d'exemple?

O membres des deux conseils, que votre position est belle! Nous sommes les vainqueurs des rois, les arbitres des destinées de l'Europe. Qu'il vous est facile de fixer celles de votre pays ! Vous pouvez le faire jouir du bonheur et de la prospérité auxquels il est appelé, sans secousses, sans violences, sans rigueurs ! Mettez seulement à profit les sacrifices qui ont été faits ; quel champ vous pouvez moissonner ! Il a existé dans la révolution une infinité de mouvemens, suscités par le choc des partis contraires, et que l'honnête homme public n'aurait peut-être point osé provoquer ; mais quoiqu'ils aient eu quelquefois lieu sans l'intervention d'une politique vertueuse, n'appartient - il point à la vertu d'en tirer parti ? Emparez-vous du bien qui peut en jaillir ; et sur des ruines, que vous n'avez point faites, ne rebâtissez point un édifice gothique. La constitution existe ; réparez les brèches nombreuses qui lui ont été faites. Que désormais la lettre en soit sacrée pour tous ! Soyez le premier des gouvernemens qui réprouve cette vérité de fait *qu'une constitution n'est jamais une barrière pour les gouvernans ; mais qu'ils l'opposent aux peuples pour en exiger l'obéissance, même pour les actes qui l'enfreignent.* Hâtez-vous d'y adapter des institutions républicaines ; que la sûreté des personnes, et que les propriétés trouvent leur garantie dans un code clair, précis, qui ne les laisse plus exposées aux interprétations *anarchiques* de l'horrible chicane. Que des qualifications vagues et odieuses ne donnent plus lieu à ce que la proscription plane tour-à-tour sur certaines classes de citoyens. Honorez le patriotisme ; pouvez - vous craindre de mortifier l'égoïsme et l'aristocratie ?.... Exaltez la vertu ; pouvez-vous craindre d'affliger le vice ?.... Commandez, par votre exemple, et par la censure de l'opinion publique, la simplicité des mœurs ; pouvez - vous craindre d'humilier le riche orgueilleux qui ne voit d'autre mérite que la faculté de se livrer à un luxe insolent et corrupteur ?.. Enfin que la gloire soit exclusivement pour tout ce qui est utile, beau, généreux ; que les éloges publics soient départis aux vertus domestiques, comme aux actions d'éclat. C'est une belle politique, que celle qui mène un peuple au bonheur par la gloire.

Voilà mon vœu, ô mes concitoyens du Pas-de-Calais ! Voilà les dispositions de mon cœur et de mon esprit. L'injure qui m'est faite m'afflige sans m'aigrir ; elle ne m'aurait fait qu'une impression bien légère, si la mesure qui me frappe n'était point un sanglant outrage pour les électeurs, pour tous les républicains du Pas-de-Calais, et si, en même temps, elle n'offrait point le dangereux exemple d'une violation manifeste de la constitution. Ces considérations doivent porter l'affliction dans nos ames. Je sais combien les vôtres ont été affectées, et quel intérêt touchant vous avez pris à notre sort au milieu de vos propres peines, et de la douleur que vous avez ressentie de voir porter atteinte à la constitution que vous nous aviez si *affectueusement* chargés de défendre envers et contre tous. Mais prenez garde que ces sentimens généreux et patriotiques ne produisent sur vous quelques-uns des effets qu'en attend l'astucieux royalisme. Il voudrait que l'injustice et l'inconstitutionnalité du 22 floréal, dont il est l'instigateur adroit, attiédissent l'intérêt que vous prenez à la chose publique, portassent le découragement dans vos ames, et vous inspirassent de l'éloignement pour le corps législatif et pour le directoire exécutif. Vous tromperez l'attente du royalisme. Nous voulons la république et la constitution ; si les républicains se séparaient du corps législatif et du directoire, il n'y aurait plus ni constitution ni république. Le corps législatif compte *aujourd'hui* sur une immense majorité de républicains purs et prononcés. Il est impossible que les élémens dont se compose cette première autorité, n'amènent point, malgré des efforts de l'intrigue, les plus heureux résultats pour la république et sa constitution.

A Paris, ce 15 thermidor, an sixième de la République une et indivisible.

R. F. CRACHET, *Maison de Picardie, rue de Seine, faubourg-Germain.*

Errata. Après la 33e ligne, *lisez* ce qui suit : après le 9 thermidor, je reparus à Saint-Omer. Le spectacle de la réaction contrista mon ame. Je renonçai à l'influence que m'auraient pu donner les dangers que j'avais courus pendant le gouvernement révolutionnaire. Je blâmai hautement les excès de la réaction, comme j'avais blâmé ceux qui s'étaient commis auparavant. Je restai éloigné de toute fonction publique.

De l'Imprimerie de la rue de l'Université, N°. 926.